大方廣佛華嚴經 寫經

48

🪷 일러두기

1. 『사경본 한글역 대방광불화엄경』은 『독송본 한문·한글역 대방광불화엄경』에 수록된 한글역을 사경하는 데 편의를 도모하기 위해 편집을 달리하여 간행한 것이다.

2. 『독송본 한문·한글역 대방광불화엄경』은 실차난타가 한역(695~699)한 80권 『대방광불화엄경』의 한문 원문과 한글역을 함께 수록한 것이다. 한문 저본은 고종 2년(1865) 월정사에서 인경한 고려대장경 『대방광불화엄경』이다.

3. 한글 번역은 동국역경원에서 발간한 한글 『대방광불화엄경』(운허)을 중심으로 하고 『신화엄경합론』(탄허)과 『대방광불화엄경 강설』(여천무비) 그리고 최근의 여타 번역본 등을 참조하였다.

4. 한글 번역은 독송과 사경을 위하여 정확성과 아울러 가독성을 고려하였다. 극존칭은 부처님과 불경계에 대해서만 사용하였다.

5. 사경본의 차례는 일러두기 → 한글역 본문 → 화엄경 목차 → 간행사이며 80권 『대방광불화엄경』의 권별 목차 순으로 독송본과 함께 간행한다. (법공양판에는 간행사 다음에 간행불사 동참자를 밝혀두었다.)

사경본 한글역

대방광불화엄경 제48권

수미해주

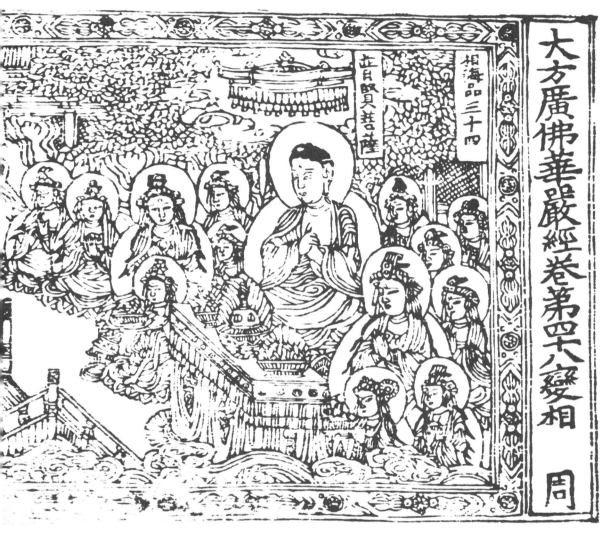

大方廣佛華嚴經卷第四六變相 周

대방광불화엄경 제48권 변상도

대방광불화엄경
제48권

34. 여래십신상해품

_____ 은(는) 『대방광불화엄경』을
사경하는 인연공덕으로
『화엄경』이 널리 유통되고
우리 모두 다함께 보리 이루기를 발원하옵니다.

대방광불화엄경
제48권

34. 여래십신상해품

그때에 보현 보살마하살이 모든 보살들에게 말씀하였다.

"불자들이여, 이제 마땅히 그대들을 위하여 여래께서 지니신 몸모습바다를 연설하리라.

불자들이여, 여래의 정수리 위에

서른두 가지 보배로 장엄한 거룩한 모습이 있다.

그 가운데 거룩한 모습이 있으니 이름이 '광명이 일체 방위를 비춤' 이다. 한량없는 큰 광명 그물을 널리 놓아서 일체 미묘한 보배로 장엄하였고, 보배 머리카락이 두루하여 부드럽고 치밀하며, 낱낱이 다 마니보배 광명을 놓아 일체 가없는 세계에 가득하여 부처님 몸의 색상이 원만함을 다 나타낸다. 이것이 하나이다.

다음에 거룩한 모습이 있으니 이름

이 '부처님 눈 광명 구름'이다. 마니 왕으로 갖가지로 장엄하였고, 금색 빛을 내는 것이 미간 백호상에서 놓은 광명과 같아서 그 광명이 일체 세계를 널리 비춘다. 이것이 둘이다.

다음에 거룩한 모습이 있으니 이름이 '법계에 가득한 구름'이다. 가장 미묘한 보배 바퀴로 장엄하였고, 여래의 복과 지혜의 등불 광명을 놓아 시방 일체 법계의 모든 세계바다를 널리 비추며 그 가운데 일체 모든 부처님과 그리고 모든 보살들을 널리 나타낸다. 이것이 셋이다.

다음에 거룩한 모습이 있으니 이름이 '나타내어 널리 비추는 구름' 이다. 진금 마니로 갖가지로 장엄하였고, 그 모든 미묘한 보배들이 모두 광명을 놓아 부사의한 모든 부처님 국토를 비추는데, 일체 모든 부처님께서 그 가운데 출현하신다. 이것이 넷이다.

다음에 거룩한 모습이 있으니 이름이 '보배 광명을 놓는 구름' 이다.

마니보배왕으로 청정하게 장엄하였고, 비유리 보배로 꽃술이 되어 빛이 시방의 일체 법계를 비추는데, 그 가운데서 갖가지 신통 변화를 널리 나타내어 여래께서 지난 옛적에 행하시던 바 지혜와 공덕을 찬탄한다. 이것이 다섯이다.

다음에 거룩한 모습이 있으니 이름이 '여래를 나타내어 법계에 두루하는 크게 자재한 구름'이다. 보살이 신통 변화하는 보배 불꽃 마니로 그 관이 되고, 여래의 힘을 갖추어 일체를 깨닫는 보배 불꽃 광명 바퀴로 그 화만이 되었는데, 그 빛이 시방세계를 널리 비추며, 그 가운데 일체 여래께서 도량에 앉으심에 일체지 구름이 허공과 한량없는 법계에 가득함을 나타낸다. 이것이 여섯이다.

다음에 거룩한 모습이 있으니 이름이 '여래의 넓은 등불 구름'이다. 능히 법계의 국토를 진동하는 크게 자재한 보배바다로 장엄하였고, 깨끗한 광명을 놓아 법계에 가득하였는데, 그 가운데 시방 모든 보살들의 공덕바다와 과거 현재 미래 부처님의 지혜 당기바다를 널리 나타낸다. 이것이 일곱이다.

다음에 거룩한 모습이 있으니 이름이 '모든 부처님을 널리 비추는 광대한 구름'이다. 인다라 보배와 여의왕 보배와 마니왕 보배로 장엄하였고, 항상 보살의 불꽃 등불 광명을 놓아 시방의 일체 세계를 널리 비추며, 그 가운데 일체 모든 부처님의 온갖 색상바다와 큰 음성바다와 청정한 힘바다를 나타낸다. 이것이 여덟이다.

　다음에 거룩한 모습이 있으니 이름이 '원만한 광명 구름'이다. 가장 미묘한 유리와 마니왕의 갖가지 보배 꽃으로 장엄하였고, 일체 온갖 보배가 큰 불꽃 그물을 펴서 시방 일체 세계에 가득하였는데, 일체 중생이 여래께서 그 앞에 나타나 앉아서 모든 부처님과 모든 보살들의 법신의 공덕을 찬탄하심을 다 보고 여래의 청정한 경계에 들게 한다. 이것이 아홉이다.

다음에 거룩한 모습이 있으니 이름이 '일체 보살행의 창고를 널리 비추는 광명 구름'이다. 온갖 보배로 된 미묘한 꽃으로 장엄하였고, 보배 광명이 한량없는 세계를 널리 비추고 보배 불꽃이 일체 국토를 널리 덮어서 시방의 법계에 걸림 없이 통달하며 부처님의 음성을 진동하여 법바다를 선양한다. 이것이 열이다.

다음에 거룩한 모습이 있으니 이름이 '넓은 광명 밝게 비추는 구름'이다. 비유리인다라 금강 마니보배로

장엄하였고, 유리 보배 광명의 색상
이 밝게 사무쳐 일체 모든 세계바다
를 널리 비추며 미묘한 음성을 내어
법계에 가득하니, 이와 같은 것이 다
모든 부처님의 지혜와 큰 공덕바다
를 좇아 변화하여 나타나는 것이다.
이것이 열하나이다.

다음에 거룩한 모습이 있으니 이름
이 '바른 깨달음의 구름'이다. 여러
가지 보배 꽃으로 장엄하였고, 그 모
든 보배 꽃들이 모두 광명을 놓으니,
다 여래께서 계시어 도량에 앉아서

일체 가없는 세계에 가득하셨으며, 모든 세계로 하여금 널리 청정함을 얻어 일체 망상과 분별을 영원히 끊게 한다. 이것이 열둘이다.

다음에 거룩한 모습이 있으니 이름이 '광명이 밝게 비추는 구름'이다. 보배 불꽃 창고바다 심왕 마니로 장엄하였고, 큰 광명을 놓으니 광명 가운데는 한량없는 보살들과 모든 보살들의 행하던 행과 일체 여래의 지혜의 몸과 법의 몸과 모든 색상바다

를 나타내어 법계에 가득하다. 이것
이 열셋이다.

다음에 거룩한 모습이 있으니 이름
이 '장엄을 널리 비추는 구름'이다.
금강 꽃 비유리 보배로 장엄하였고,
큰 광명을 놓으니 광명 속에는 큰 보
배 연꽃 자리가 있는데 장엄을 구족
하여 법계를 두루 덮었으며, 자연히
네 가지 보살행을 연설하는데 그 음
성이 모든 법계바다에 널리 두루하
다. 이것이 열넷이다.

다음에 거룩한 모습이 있으니 이름

이 '부처님의 삼매바다 행을 나타내는 구름'이다. 한 생각 동안에 여래의 한량없는 장엄을 나타내어 일체 법계의 부사의한 세계바다를 널리 두루 장엄한다. 이것이 열다섯이다.

다음에 거룩한 모습이 있으니 이름이 '변화바다를 널리 비추는 구름'이다. 수미산 같은 미묘한 보배 연꽃으로 장엄하였고, 온갖 보배 광명이 부처님의 서원을 좇아 나서 모든 변화를 나타냄이 다함이 없다. 이것이 열여섯이다.

다음에 거룩한 모습이 있으니 이름이 '일체 여래의 해탈 구름'이다. 청정하고 미묘한 보배로 장엄하였고, 큰 광명을 놓아 일체 부처님의 사자좌를 장엄하며, 일체 모든 부처님의 색상과 그리고 한량없는 부처님 법과 모든 부처님의 세계바다를 나타내 보인다. 이것이 열일곱이다.

다음에 거룩한 모습이 있으니 이름이 '자재한 방편으로 널리 비추는

구름'이다. 비유리 꽃과 진금 연화와
마니왕 등불과 미묘한 법 불꽃 구름
으로 장엄하였고, 일체 모든 부처님
의 보배 불꽃 빽빽한 구름의 청정한
광명을 놓아 법계에 가득 찼는데, 그
가운데 일체 미묘하고 아름다운 장
엄거리를 널리 나타낸다. 이것이 열
여덟이다.

다음에 거룩한 모습이 있으니 이름
이 '부처님의 종성을 깨달은 구름'
이다. 한량없는 보배 광명으로 장엄

하였고, 천 살 바퀴를 갖추어 안팎이 청정하니, 지난 옛적의 선근에서 생겨난 것이며, 그 빛이 시방세계를 두루 비추어 지혜의 해를 펴서 밝히어 법의 바다를 선포한다. 이것이 열아홉이다.

다음에 거룩한 모습이 있으니 이름이 '일체 여래의 모양을 나타내는 자재한 구름'이다. 온갖 보배 영락과 유리 보배 꽃으로 장엄하였고, 큰 보배 불꽃을 펴서 법계에 가득하며 그 가운데 일체 부처님 세계 미진수와

같은 과거와 미래와 현재의 한량없
는 모든 부처님을 널리 나타내는데,
사자왕과 같이 용맹하여 두려움이
없으며 색상과 지혜가 모두 다 구족
한다. 이것이 스물이다.

다음에 거룩한 모습이 있으니 이름
이 '일체 법계를 두루 비추는 구름'
이다. 여래의 보배 형상으로 청정하
게 장엄하였고, 큰 광명을 놓아 법계
를 널리 비추며, 일체 한량없고 가없
는 모든 부처님과 보살들의 지혜의
미묘한 창고를 나타낸다. 이것이 스

물하나이다.

다음에 거룩한 모습이 있으니 이름이 '비로자나여래의 형상 구름'이다. 가장 미묘한 보배 꽃과 비유리의 청정하고 미묘한 달로 장엄하였고, 모두 한량없는 백천만억 마니 보배 광명을 놓아 일체 허공 법계에 가득한데, 그 가운데 한량없는 부처님 세계에서 다 여래께서 결가부좌하고 계심을 나타내 보인다. 이것이 스물둘이다.

다음에 거룩한 모습이 있으니 이름이 '일체 부처님을 널리 비추는 광명 구름'이다. 온갖 보배로 된 미묘한 등불로 장엄하였고, 깨끗한 광명을 놓아 시방의 일체 세계를 두루 비추어 모든 부처님께서 법륜 굴리심을 다 나타낸다. 이것이 스물셋이다.

다음에 거룩한 모습이 있으니 이름이 '일체 장엄을 널리 나타내는 구름'이다. 갖가지 보배 불꽃으로 장엄하였고, 깨끗한 광명을 놓아 법계에 가득하며, 생각생각에 말할 수 없이 말할 수 없는 일체 모든 부처님께서 모든 보살들과 함께 도량에 앉아 계심을 항상 나타낸다. 이것이 스물넷이다.

다음에 거룩한 모습이 있으니 이름이 '일체 법계의 음성을 내는 구름' 이다. 마니보배바다의 가장 미묘한 전단으로 장엄하였고, 큰 불꽃 그물을 펴서 법계에 가득하며, 그 가운데서 미묘한 음성을 널리 내어 모든 중생들의 일체 업바다를 보인다. 이것이 스물다섯이다.

다음에 거룩한 모습이 있으니 이름이 '모든 부처님의 변화하는 바퀴를 널리 비추는 구름'이다. 여래의 깨끗한 눈으로 장엄하였고, 빛이 시방의 일체 세계를 비추며, 그 가운데 과거와 미래와 현재의 부처님이 지니신 일체 장엄거리를 널리 나타내고, 다시 미묘한 음성을 내어 부사의하고 광대한 법바다를 연설한다. 이것이 스물여섯이다.

다음에 거룩한 모습이 있으니 이름

이 '광명으로 부처님바다를 비추는 구름'이다. 그 광명이 일체 세계를 널리 비추어 법계가 다하도록 장애됨이 없는데, 다 여래께서 결가부좌하고 계신다. 이것이 스물일곱이다.

다음에 거룩한 모습이 있으니 이름이 '보배 등불 구름'이다. 여래의 광대한 광명을 놓아 시방의 일체 법계를 널리 비추며, 그 가운데 일체 모든 부처님과 그리고 모든 보살들과 불가사의한 모든 중생들바다를 널리 나타낸다. 이것이 스물여덟이다.

　다음에 거룩한 모습이 있으니 이름이 '법계의 차별 없는 구름'이다. 여래의 큰 지혜 광명을 놓아 시방의 모든 부처님 국토와 일체 보살의 도량에 모인 대중들과 한량없는 법바다를 널리 비추며, 그 가운데 갖가지 신통을 널리 나타내고, 또 미묘한 소리를 내어 모든 중생들의 마음에 즐겨하는 바를 따라 보현 보살의 행원을 연설하여 그들이 회향하게 한다. 이것이 스물아홉이다.

다음에 거룩한 모습이 있으니 이름이 '일체 세계바다에 편안히 머물러 널리 비추는 구름'이다. 보배 광명을 놓아 일체 허공과 법계에 가득하며, 그 가운데 깨끗하고 미묘한 도량과 그리고 부처님과 보살의 장엄한 몸 모양을 널리 나타내어 그 보는 자로 하여금 본 바가 없게 한다. 이것이 서른이다.

다음에 거룩한 모습이 있으니 이름이 '일체 보배 청정한 빛 불꽃 구름'

이다. 한량없는 모든 부처님과 보살들의 마니 미묘한 보배 청정한 광명을 놓아 시방의 일체 법계를 널리 비추며 그 가운데 모든 보살바다를 널리 나타내는데, 여래의 위신력을 갖추지 않음이 없고 시방 온 허공계 일체 세계 그물을 항상 다닌다. 이것이 서른하나이다.

다음에 거룩한 모습이 있으니 이름이 '일체 법계를 널리 비추는 장엄 구름'이다. 가장 복판에 있어서 점점 차례로 솟아올라 염부단금 인다라

그물로 장엄하였고, 깨끗한 광명 구
름을 놓아 법계에 가득하였으며, 생
각생각 동안에 일체 세계의 모든 부
처님과 보살의 도량에 모인 대중들
을 항상 나타낸다. 이것이 서른들이
다.

　불자들이여, 여래의 정수리 위에
이와 같은 서른두 가지 거룩한 모습
이 있어 아름답게 장엄하였다.

　불자들이여, 여래의 미간에 거룩한

모습이 있으니 이름이 '법계에 두루한 광명 구름'이다. 마니보배 꽃으로 장엄하였고, 큰 광명을 놓으니 온갖 보배 빛을 갖춘 것이 마치 해와 달과 같아서 환히 사무쳐 청정하며, 그 빛이 시방 국토를 널리 비추고, 그 가운데 일체 부처님의 몸을 나타내며, 또 미묘한 음성을 내어 법바다를 연설한다. 이것이 서른셋이다.

여래의 눈에 거룩한 모습이 있으니 이름이 '자재하게 널리 보는 구름'

이다. 온갖 미묘한 보배로 장엄하였고, 마니보배 광명이 청정하고 밝게 사무쳐 일체를 널리 보는 데 모두 장애가 없다. 이것이 서른넷이다.

여래의 코에 거룩한 모습이 있으니 이름이 '일체 신통한 지혜 구름'이다. 청정하고 미묘한 보배로 장엄하였고, 온갖 보배 빛이 그 위를 가득 덮었으며, 그 가운데서 한량없는 화신 부처님께서 출현하시는데, 보배 연꽃에 앉아 모든 세계에 가서 일체

보살과 일체 중생을 위하여 부사의
한 모든 부처님 법바다를 연설하신
다. 이것이 서른다섯이다.

여래의 혀에 거룩한 모습이 있으니
이름이 '음성과 영상을 나타내는 구
름'이다. 온갖 빛 미묘한 보배로 장
엄하였으니, 지난 세상의 선근으로
이루어진 것이며, 그 혀가 넓고 커서
일체 모든 세계바다를 두루 덮었다.
여래께서 만약 기쁘게 미소를 지으
시면 반드시 일체 마니보배 광명을

놓으며 그 광명이 시방 법계를 널리 비추어 능히 일체로 하여금 마음이 청량함을 얻게 하고, 과거와 미래와 현재에 계시는 모든 부처님께서 모두 광명 속에 찬란하게 나타나 다 광대하고 미묘한 음성을 내어 일체 세계에 두루하여 한량없는 겁을 머무르신다. 이것이 서른여섯이다.

여래의 혀에 또 거룩한 모습이 있으니 이름이 '법계 구름'이다. 그 혓바닥이 반듯하고 온갖 보배로 장엄하였으며, 미묘한 보배 광명을 놓으니

색상이 원만하여 마치 미간에서 놓
는 광명과 같아서 그 빛이 일체 부처
님 세계를 널리 비추며, 오직 티끌로
이루어진 바라 자체 성품이 없고, 광
명 속에 다시 한량없는 모든 부처님
께서 나타나 다 미묘한 음성을 내어
일체 법을 설하신다. 이것이 서른일
곱이다.

여래의 혀끝에 거룩한 모습이 있으
니 이름이 '법계를 비추는 광명 구
름'이다. 여의보배왕으로 장엄하였

고, 금빛 보배 불꽃이 자연히 항상 나오며 그 가운데 일체 부처님바다가 그림자처럼 나타나고, 다시 미묘한 음성으로 진동하여 일체 가없는 세계에 가득하며, 낱낱 음성 가운데 일체 음성을 구족하여 미묘한 법을 다 연설하니 듣는 자의 마음이 기뻐 한량없는 겁을 지나도록 깊이 음미하여 잊지 아니한다. 이것이 서른여덟이다.

여래의 혀끝에 또 거룩한 모습이 있으니 이름이 '법계를 밝게 비추는 구름'이다. 마니보배왕으로 장엄하게 꾸미었고, 온갖 색상과 미묘한 광명을 펼쳐 시방의 한량없는 국토에 가득하였는데, 온 법계가 청정하지 않음이 없으며 그 가운데 한량없는 모든 부처님과 그리고 모든 보살들이 다 있어 각각 미묘한 음성을 내어 갖가지로 열어 보임에 일체 보살이 그 앞에서 듣고 받아들인다. 이것이 서른아홉이다.

여래의 입 윗잇몸에 거룩한 모습이

있으니 이름이 '부사의한 법계를 나타내 보이는 구름'이다. 인다라 보배와 비유리 보배로 장엄하였고, 향 등불 불꽃 청정한 광명 구름을 놓아 시방 일체 법계에 가득하여 갖가지 신통과 방편을 나타내 보이며, 널리 일체 모든 세계바다에서 매우 깊어 부사의한 법을 연설한다. 이것이 마흔이다.

여래의 입 오른쪽 뺨 아래 어금니에 거룩한 모습이 있으니 이름이 '부처님 어금니 구름'이다. 온갖 보배 마니로 된 '만'자 모양의 바퀴로 장엄하였고, 큰 광명을 놓아 법계를 널리 비추며, 그 가운데 일체 부처님의 몸을 널리 나타내어 시방에 두루 퍼져 중생들을 깨우친다. 이것이 마흔 하나이다.

여래의 입 오른쪽 뺨 위 어금니에 거룩한 모습이 있으니 이름이 '보배 불꽃 미로장 구름'이다. 마니보배 창고로 장엄하였고, 금강 향 불꽃과 청정한 광명을 놓으니 낱낱 광명이 법계에 가득하여 일체 모든 부처님의 위신력을 나타내 보이고, 다시 일체 시방세계의 청정하고 미묘한 도량을 나타낸다. 이것이 마흔둘이다.

여래의 입 왼쪽 뺨 아래 어금니에 거룩한 모습이 있으니 이름이 '보배 등불 널리 비추는 구름'이다. 일체 미묘한 보배가 꽃을 피워서 향을 풍기는 것으로 장엄하였고, 등불 불꽃 구름의 청정한 광명을 놓아 일체 모든 세계바다에 가득하며, 그 가운데 일체 모든 부처님께서 연화장 사자좌에 앉으셔서 모든 보살 대중들이 함께 둘러 모신 것을 나타낸다. 이것이 마흔셋이다.

여래의 입 왼쪽 뺨 위 어금니에 거룩한 모습이 있으니 이름이 '여래를 비추어 나타내는 구름'이다. 청정한 광명과 염부단금과 보배 그물과 보배 꽃으로 장엄하였고, 큰 불꽃 바퀴를 놓아 법계에 가득하며, 그 가운데 일체 모든 부처님께서 널리 나타나 신통력으로 허공 가운데 법의 젖과 법의 등불과 법의 보배를 유포하

여 일체 모든 보살 대중들을 교화하
신다. 이것이 마흔넷이다.

여래의 치아에 거룩한 모습이 있
으니 이름이 '광명을 널리 나타내는
구름'이다. 낱낱 치아 사이를 몸모습
바다로 장엄하였고, 만약 미소를 지
으실 때에는 모두 광명을 놓는데 온
갖 보배 빛과 마니보배 불꽃을 갖추
고 오른쪽으로 돌면서 법계에 널리
퍼져서 가득 차지 않음이 없으며 부
처님의 음성을 내어 보현행을 설한

다. 이것이 마흔다섯이다.

여래의 입술에 거룩한 모습이 있으니 이름이 '일체 보배 빛을 그림자로 나타내는 구름'이다. 염부단 진금색과 연꽃색과 일체 보배색의 광대한 광명을 놓아 법계를 비추어 모두 청정하게 한다. 이것이 마흔여섯이다.

여래의 목에 거룩한 모습이 있으니 이름이 '일체 세계를 널리 비추는 구름'이다. 마니보배왕으로 장엄하였고, 감포를 성취하여 부드럽고 매끄러우며, 비로자나의 청정한 광명을 놓아 시방 일체 세계에 가득하고, 그 가운데 일체 모든 부처님을 널리 나타낸다. 이것이 마흔일곱이다.

여래의 오른쪽 어깨에 거룩한 모습이 있으니 이름이 '부처님의 광대한 일체 보배 구름'이다. 일체 보배색과 진금색과 연꽃색 광명을 놓아 보배 불꽃 그물을 이루어 법계에 널리 비추고, 그 가운데 일체 보살을 널리 나타낸다. 이것이 마흔여덟이다.

여래의 오른쪽 어깨에 다시 거룩한 모습이 있으니 이름이 '가장 수승한 보배를 널리 비추는 구름'이다. 그 색이 청정하여 염부단금과 같고, 마니 광명을 놓아 법계에 가득하며, 그 가운데 일체 보살을 널리 나타낸다. 이것이 마흔아홉이다.

여래의 왼쪽 어깨에 거룩한 모습이 있으니 이름이 '가장 수승한 빛으로 법계를 비추는 구름'이다. 마치 정수리 위와 미간의 갖가지 장엄과 같고,

염부단금과 연꽃색인 온갖 보배 광
명을 놓아서 큰 불꽃 그물을 이루어
법계에 가득하며, 그 가운데 일체 위
신력을 나타내 보인다. 이것이 쉰이
다.

여래의 왼쪽 어깨에 다시 거룩한
모습이 있으니 이름이 '광명이 두루
비추는 구름'이다. 그 모양이 오른쪽
으로 돌아서 염부단금색 마니보배
왕으로 장엄하였고, 온갖 보배 꽃과
향기 불꽃 광명을 놓아 법계에 가득
하였으며, 그 가운데 일체 모든 부처

님과 그리고 일체 깨끗이 장엄한 국토를 널리 나타낸다. 이것이 쉰하나이다.

여래의 왼쪽 어깨에 다시 거룩한 모습이 있으니 이름이 '널리 밝게 비추는 구름'이다. 그 모양이 오른쪽으로 돌아서 미세하고 정밀하게 장엄하였고, 부처님 등불 불꽃 구름과 청정한 광명을 놓아서 온 법계에 가득하였으며, 그 가운데 일체 보살의 갖가지 장엄을 나타내어 모두 다 미묘하고 아름답다. 이것이 쉰둘이다.

여래의 가슴에 거룩한 모습이 있으니 형상이 '만'자와 같고 이름은 '길상 바다 구름'이다. 마니보배 꽃으로 장엄하였고, 일체 보배색 갖가지 광명 불꽃 바퀴를 놓아 법계에 가득하여 널리 청정하게 하고, 다시 미묘한 음성을 내어 법바다를 선양한다. 이 것이 쉰셋이다.

길상 형상 오른쪽에 거룩한 모습이 있으니 이름이 '광명을 나타내 보여 비추는 구름'이다. 인다라 그물로 장엄하였고, 큰 광명 바퀴를 놓아 법계에 가득하며, 그 가운데 한량없는 모든 부처님을 널리 나타낸다. 이것이 쉰넷이다.

길상 형상 오른쪽에 다시 거룩한 모습이 있으니 이름이 '여래를 널리 나타내는 구름'이다. 모든 보살들의 마니보배 관으로 장엄하였고, 큰 광명을 놓아 시방의 일체 세계를 널리 비추어 다 청정하게 하며, 그 가운데 과거와 미래와 현재의 부처님께서 도량에 앉아서 위신력을 널리 나타내어 법바다를 널리 펴시는 것을 나타내 보인다. 이것이 쉰다섯이다.

길상 형상 오른쪽에 다시 거룩한 모습이 있으니 이름이 '꽃을 피우는 구름'이다. 마니보배 꽃으로 장엄하였고, 보배 향 불꽃 등불의 청정한 광명을 놓으니 형상이 연꽃 같고 세계에 가득하다. 이것이 쉰여섯이다.

길상 형상 오른쪽에 다시 거룩한 모습이 있으니 이름이 '기쁘고 즐거운 금빛 구름'이다. 일체 보배 마음 왕 창고 마니왕으로 장엄하였고, 깨끗한 광명을 놓아 법계를 비추며, 그 가운데 마치 부처님 눈같이 넓고 큰 광명인 마니보배 창고를 널리 나타낸다. 이것이 쉰일곱이다.

길상 형상 오른쪽에 다시 거룩한 모습이 있으니 이름이 '부처님바다구름'이다. 비유리 보배 향 등불 화만으로 장엄하였고, 허공에 가득한 마니보배왕 향 등불의 큰 불꽃 청정한 광명을 놓아 시방의 일체 국토에 가득하며, 그 가운데 도량에 모인 대중들을 널리 나타낸다. 이것이 쉰여덟이다.

길상 형상 왼쪽에 거룩한 모습이 있으니 이름이 '광명을 나타내 보이는 구름'이다. 수없는 보살들이 앉아 있는 보배 연꽃으로 장엄하였고, 마니왕이 갖가지로 사이사이에 섞인 보배 불꽃 광명을 놓아 일체 모든 법계바다를 널리 청정히 하며, 그 가운데 한량없는 모든 부처님과 및 부처님의 미묘한 음성을 나타내 보여 모든 법을 연설한다. 이것이 쉰아홉이다.

길상 형상 왼쪽에 다시 거룩한 모

습이 있으니 이름이 '법계에 두루한 광명을 나타내 보이는 구름'이다. 마니보배바다로 장엄하였고, 큰 광명을 놓아 일체 세계에 두루하며, 그 가운데 모든 보살 대중들을 널리 나타낸다. 이것이 예순이다.

길상 형상 왼쪽에 다시 거룩한 모습이 있으니 이름이 '널리 수승한 구름'이다. 태양광명 마니왕 보배 바퀴와 화만으로 장엄하였고, 큰 광명 불꽃을 놓아 법계의 모든 세계바다에 가득하며, 그 가운데 일체 세계와 일

체 여래와 일체 중생을 나타내 보인
다. 이것이 예순 하나이다.

길상 형상 왼쪽에 다시 거룩한 모
습이 있으니 이름이 '법륜을 굴리는
미묘한 음성 구름'이다. 일체 법 등
불과 청정한 향기 꽃술로 장엄하였
고, 큰 광명을 놓아 법계에 가득하
며, 그 가운데 일체 모든 부처님께서
지니신 몸모습바다와 그리고 마음바
다를 널리 나타낸다. 이것이 예순둘
이다.

길상 형상 왼쪽에 다시 거룩한 모

습이 있으니 이름이 '장엄한 구름'이다. 과거와 미래와 현재의 일체 부처님바다로 장엄하였고, 청정한 광명을 놓아 일체 모든 부처님 국토를 깨끗하게 장엄하며, 그 가운데 시방의 일체 모든 부처님과 보살들과 그리고 부처님과 보살의 행하던 행을 널리 나타낸다. 이것이 예순셋이다.

여래의 오른손에 거룩한 모습이 있으니 이름이 '바다를 비추는 구름'이다. 온갖 보배로 장엄하였고, 달

불꽃의 청정한 광명을 항상 놓아 허
공과 일체 세계에 가득하며, 큰 음성
을 내어 일체 모든 보살의 행을 찬탄
한다. 이것이 예순넷이다.

여래의 오른손에 다시 거룩한 모
습이 있으니 이름이 '그림자로 나타
내어 밝게 비추는 구름'이다. 비유리
제청 마니보배 꽃으로 장엄하였고,
큰 광명을 놓아 시방의 보살들이 머
무르는 바 연화장과 마니장 등 일체
세계를 널리 비추며, 그 가운데 한량
없는 모든 부처님께서 청정한 법신으

로 보리수 아래 앉아서 일체 시방의 국토를 진동하심을 다 나타낸다. 이것이 예순다섯이다.

여래의 오른손에 다시 거룩한 모습이 있으니 이름이 '등불 불꽃 화만으로 널리 청정하게 장엄한 구름'이다. 비로자나 보배로 장엄하였고, 큰 광명을 놓아 변화의 그물을 이루며, 그 가운데 모든 보살 대중들이 다 보배 관을 쓰고 모든 행의 바다를 폄을 널리 나타낸다. 이것이 예순여섯이다.

여래의 오른손에 다시 거룩한 모습
이 있으니 이름이 '일체 마니를 널리
나타내는 구름'이다. 연화 불꽃 등불
로 장엄하였고, 바다 창고 광명을 놓
아 법계에 가득하며, 그 가운데 한량
없는 모든 부처님께서 연화좌에 앉
아 계심을 널리 나타낸다. 이것이 예
순일곱이다.

여래의 오른손에 다시 거룩한 모습
이 있으니, 이름이 '광명 구름'이다.
마니 불꽃바다로 장엄하였고, 온갖
보배 불꽃과 향 불꽃과 꽃 불꽃의 청

정한 광명을 놓아 일체 모든 세계 그물에 가득하며, 그 가운데 모든 부처님의 도량을 널리 나타낸다. 이것이 예순여덟이다.

여래의 왼손에 거룩한 모습이 있으니 이름이 '비유리 청정한 등불 구름'이다. 보배 땅의 미묘한 빛으로 장엄하였고, 여래의 금색 광명을 놓아 생각생각마다 일체 가장 미묘한 장엄거리를 항상 나타낸다. 이것이 예순아홉이다.

여래의 왼손에 다시 거룩한 모습이

있으니 이름이 '일체 세계 지혜 등불 음성 구름'이다. 인다라 그물 금강 꽃으로 장엄하였고, 염부단금의 청정한 광명을 놓아 시방의 일체 세계를 널리 비춘다. 이것이 일흔이다.

여래의 왼손에 다시 거룩한 모습이 있으니 이름이 '보배 연꽃에 편안히 머무르는 광명 구름'이다. 온갖 보배 미묘한 꽃으로 장엄하였고, 큰 광명을 놓으니 수미산 등불과 같아서 시방의 일체 세계를 널리 비춘다. 이것이 일흔하나이다.

여래의 왼손에 다시 거룩한 모습이 있으니 이름이 '법계를 두루 비추는 구름'이다. 미묘한 보배 화만과 보배 바퀴와 보배 병과 인다라 그물과 그리고 온갖 미묘한 모양으로 장엄하였고, 큰 광명을 놓아 시방의 일체 국토를 널리 비추며, 그 가운데 일체 법계와 일체 세계바다에 일체 여래께서 연화좌에 앉아 계심을 나타내 보인다. 이것이 일흔둘이다.

여래의 오른 손가락에 거룩한 모습

이 있으니 이름이 '모든 겁과 세계바다를 나타내는 돌림 구름'이다. 수월 불꽃 창고 마니왕 일체 보배 꽃으로 장엄하였고, 큰 광명을 놓아 법계에 가득하며, 그 가운데서 미묘한 음성을 항상 내어 시방세계에 가득하다. 이것이 일흔셋이다.

여래의 왼 손가락에 거룩한 모습이 있으니 이름이 '일체 보배에 편안히 머무르는 구름'이다. 제청 금강 보배로 장엄하였고, 마니왕 온갖 보배 광명을 놓아 법계에 가득하며, 그 가운데서 일체 모든 부처님과 모든 보살들을 널리 나타낸다. 이것이 일흔넷이다.

여래의 오른 손바닥에 거룩한 모습이 있으니 이름이 '밝게 비추는 구름'이다. 마니왕으로 된 천 살 보배 바퀴로 장엄하였고, 보배 광명을 놓으니 그 광명이 오른쪽으로 돌아 법계에 가득하며, 그 가운데 일체 모든 부처님의 낱낱 부처님 몸에 광명 불꽃이 치성하고, 법을 말하고 사람을

제도하여 모든 세계를 깨끗하게 함을 널리 나타낸다. 이것이 일흔다섯이다.

여래의 왼 손바닥에 거룩한 모습이 있으니 이름이 '불꽃 바퀴가 널리 증장하여 법계의 도량을 변화하여 나타내는 구름'이다. 햇빛 마니왕 천 살 바퀴로 장엄하였고, 큰 광명을 놓아 일체 모든 세계바다에 가득하였으며, 그 가운데 일체 보살이 보현에게 있는 바 행바다를 연설해서, 일체 모든 부처님 국토에 널리 들어가 한량없는 중생들을 각각 깨우침을 나타내 보인다. 이것이 일흔여섯이다.

여래의 음장에 거룩한 모습이 있으니 이름이 '부처님 음성을 널리 유출하는 구름'이다. 일체 미묘한 보배로 장엄하였고, 마니 등불 꽃 불꽃 광명을 놓으니 그 빛이 치성하여 온갖 보배색을 갖추어 일체 허공 법계를 널리 비추며, 그 가운데 일체 모든 부처님께서 왕래하여 다니며 곳곳마다 두루하심을 널리 나타낸다.

이것이 일흔일곱이다.

여래의 오른쪽 볼기에 거룩한 모습
이 있으니 이름이 '보배 등불 화만
의 널리 비추는 구름'이다. 모든 마
니보배로 장엄하였고, 부사의한 보
배 불꽃 광명을 놓아 시방의 일체 법
계에 가득히 펴져 허공 법계와 더불
어 함께 한 모양이 되면서도 능히 일
체 모든 모양을 내고, 낱낱 모양 가
운데 모든 부처님의 자재한 신통 변
화를 다 나타낸다. 이것이 일흔여덟

이다.

여래의 왼쪽 볼기에 거룩한 모습이 있으니 이름이 '일체 법계바다의 광명을 나타내 보여 허공을 두루 덮는 구름'이다. 마치 연꽃처럼 청정하고 미묘한 보배로 장엄하였고, 광명 그물을 놓아 시방의 일체 법계를 두루 비추며, 그 가운데 갖가지 모양의 구름을 널리 나타낸다. 이것이 일흔아홉이다.

여래의 오른쪽 넓적다리에 거룩한

모습이 있으니 이름이 '널리 나타내
는 구름'이다. 온갖 색의 마니로 장
엄하였고, 그 넓적다리와 장딴지의
위아래가 서로 어울리며, 마니 불꽃
미묘한 법 광명을 놓아 한 생각에 능
히 일체 보배왕이 다니는 몸모습바
다를 널리 나타내 보인다. 이것이 여
든이다.

여래의 왼쪽 넓적다리에 거룩한 모
습이 있으니 이름이 '일체 부처님의
한량없는 몸모습바다를 나타내는 구
름'이다. 일체 보배바다가 따라서 편

안히 머무르는 것으로 장엄하였고, 광대하게 다니면서 깨끗한 광명을 놓아 중생들에게 널리 비추어 모두 위없는 부처님의 법을 희구하게 한다. 이것이 여든하나이다.

여래의 오른쪽 이니연 사슴왕 장딴지에 거룩한 모습이 있으니 이름이 '일체 허공 법계 구름'이다. 밝게 빛나는 미묘한 보배로 장엄하였고, 그 모양이 둥글고 곧아 능히 잘 걸어 다니며, 염부단금색 청정한 광명을 놓아 일체 모든 부처님의 세계를 두루 비추고, 큰 음성을 내어 널리 다 진동하며, 다시 일체 모든 부처님의 국토가 허공에 머물러 보배 불꽃으로 장엄함을 나타내고, 한량없는 보살들이 그 가운데에서 변화하여 나타낸다. 이것이 여든둘이다.

여래의 왼쪽 이니연 사슴왕 장딴지에 거룩한 모습이 있으니 이름이 '장엄바다 구름'이다. 색이 진금과 같고 능히 일체 부처님 세계에 두루 다니며, 일체 보배의 청정한 광명을 놓아 법계를 가득 채워 불사를 짓는다. 이것이 여든셋이다.

여래의 보배 장딴지 위의 털에 거룩한 모습이 있으니 이름이 '법계의 영상을 널리 나타내는 구름'이다. 그 털이 오른쪽으로 돌고, 낱낱 털끝에서 보배 광명을 놓아 시방의 일체 법계에 가득하여 일체 모든 부처님의 위신력을 나타내 보이며, 그 모든 모공에서 모두 광명을 놓아 일체 부처님의 세계를 그 가운데 나타낸다. 이것이 여든넷이다.

여래의 발아래에 거룩한 모습이 있으니 이름이 '일체 보살바다가 편안히 머무르는 구름'이다. 색은 금강 염부단금인 청정한 연꽃과 같고, 보배 광명을 놓아 시방의 모든 세계바다를 널리 비추니 보배 향 불꽃 구름이 곳곳마다 두루하여 발을 들어 걸으면 향기가 두루 흐르며 온갖 보배색을 갖추어 법계에 가득하다. 이것이 여든다섯이다.

여래의 오른발 위에 거룩한 모습이 있으니 이름이 '일체를 널리 비추는 광명 구름'이다. 일체 온갖 보배로 장엄하였고, 큰 광명을 놓아 법계에 가득하여 일체 모든 부처님과 보살들을 나타내 보인다. 이것이 여든여섯이다.

여래의 왼발 위에 거룩한 모습이 있으니 이름이 '일체 모든 부처님을 널리 나타내는 구름'이다. 보배 창고 마니로 장엄하였고 보배 광명을 놓아 생각생각 동안에 일체 부처님의 신통 변화와 그리고 그 법바다와 앉은 바 도량을 나타내어 미래제의 겁

이 다하도록 끊어짐이 없다. 이것이
여든일곱이다.

여래의 오른쪽 발가락 사이에 거룩
한 모습이 있으니 이름이 '광명이 일
체 법계바다를 비추는 구름'이다. 수
미산 등불 마니왕 천 살 불꽃 바퀴
로 갖가지로 장엄하였고, 큰 광명을
놓아 시방 일체 법계의 모든 세계바
다에 가득하며, 그 가운데 일체 모든
부처님께서 지니신 갖가지 보배로
장엄한 모양을 널리 나타낸다. 이것

이 여든여덟이다.

　여래의 왼쪽 발가락 사이에 거룩한 모습이 있으니 이름이 '일체 부처님 바다를 나타내는 구름'이다. 마니보배 꽃 향기 불꽃 등불 화만과 일체 보배 바퀴로 장엄하였고, 보배바다의 청정한 광명을 항상 놓아 허공에 가득하고 시방의 일체 세계에 널리 미치며, 그 가운데서 일체 모든 부처님과 그리고 모든 보살들의 원만한 음성과 '만'자 등의 모양들을 나타내 보여 한량없는 일체 중생을 이익하게 한다. 이것이 여든아홉이다.

여래의 오른쪽 발꿈치에 거룩한 모습이 있으니 이름이 '자재하게 밝게 비추는 구름'이다. 제청 보배 가루로 장엄하였고, 여래의 미묘한 보배 광명을 항상 놓아 그 광명의 미묘하고 아름다움이 법계에 가득하여 다 같은 한 모양이어서 차별이 없으며, 그 가운데 일체 모든 부처님께서 도량에 앉으셔서 미묘한 법을 연설함을 나타내 보인다. 이것이 아흔이다.

여래의 왼쪽 발꿈치에 거룩한 모습
이 있으니 이름이 '미묘한 음성을 나
타내 보여 모든 법의 바다를 연설하
는 구름'이다. 변화하는 바다의 마니
보배와 향 불꽃바다의 수미산 꽃 마
니보배와 및 비유리로 장엄하였고,
큰 광명을 놓아 법계에 가득하며, 그
가운데 모든 부처님의 위신력을 널
리 나타낸다. 이것이 아흔하나이다.

여래의 오른쪽 발등에 거룩한 모습
이 있으니 이름이 '일체 장엄을 나타

내 보이는 광명 구름'이다. 온갖 보배로 이루어져 지극히 미묘하게 장엄하였고, 염부단금색 청정한 광명을 놓아 시방의 일체 법계를 널리 비추며, 그 광명의 모양이 마치 큰 구름 같아서 일체 모든 부처님의 도량을 널리 덮는다. 이것이 아흔둘이다.

여래의 왼쪽 발등에 거룩한 모습이 있으니 이름이 '온갖 색상을 나타내는 구름'이다. 일체 달의 불꽃 창고인 비로자나 보배와 인다라니라 보배로 장엄하였고, 생각생각마다 모든 법계바다를 다니며, 마니 등불 향기 불꽃 광명을 놓아 그 광명이 일체 법계에 두루 가득하다. 이것이 아흔셋이다.

여래의 오른발 네 둘레에 거룩한 모습이 있으니 이름이 '널리 갈무리한 구름'이다. 인다라니라 금강 보배로 장엄하였고, 보배 광명을 놓아 허공에 가득하였으며, 그 가운데 일체 모든 부처님께서 도량의 마니보배왕 사자좌에 앉아 계심을 나타내 보인다. 이것이 아흔넷이다.

여래의 왼발 네 둘레에 거룩한 모
습이 있으니 이름이 '광명이 법계를
두루 비추는 구름'이다. 마니보배 꽃
으로 장엄하였고, 큰 광명을 놓아 법
계에 가득하니 평등하여 한 모양이
다. 그 가운데 일체 모든 부처님과
및 모든 보살들의 자재한 위신력을
나타내 보여 크고 미묘한 음성으로
법계의 다함이 없는 법문을 연설한
다. 이것이 아흔다섯이다.

여래의 오른쪽 발가락 끝에 거룩한 모습이 있으니 이름이 '장엄을 나타내 보이는 구름'이다. 매우 사랑스러운 염부단의 청정한 진금으로 장엄하였고, 큰 광명을 놓아 시방 일체법계에 가득하며, 그 가운데 일체 모든 부처님과 및 모든 보살들의 다함이 없는 법바다와 갖가지 공덕과 신통 변화를 나타내 보인다. 이것이 아흔여섯이다.

여래의 왼쪽 발가락 끝에 거룩한 모습이 있으니 이름이 '일체 부처님의 신통 변화를 나타내는 구름'이다.
부사의한 부처님 광명과 달 불꽃 넓
은 향기와 마니보배 불꽃 바퀴로 장
엄하였고, 온갖 보배색 청정한 광명
을 놓아 일체 모든 세계바다에 가득
하며, 그 가운데서 일체 모든 부처님
과 및 모든 보살들이 일체 모든 부처
님 법바다 연설함을 나타내 보인다.
이것이 아흔일곱이다.

불자여, 비로자나여래께서는 이와
같은 등 열 화장세계바다 미진수 거

룩한 모습이 있으니 낱낱 몸에 온갖
보배 미묘한 모양으로 장엄하였다."

대방광불화엄경
제48권

35. 여래수호광명공덕품

――――――― 은(는)『대방광불화엄경』을
사경하는 인연공덕으로
『화엄경』이 널리 유통되고
우리 모두 다함께 보리 이루기를 발원하옵니다.

대방광불화엄경
제48권

35. 여래수호광명공덕품

그때에 세존께서 보수 보살에게 말씀하셨다.

"불자여, 여래 응정등각에게 '따라서 잘생긴 모습'이 있으니 이름이 '원만왕'이며, 이 '따라서 잘생긴 모습'에서 큰 광명이 나오니 이름이

'치성'이고 칠백만 아승지 광명으로
권속이 되었다.

불자여, 내가 보살이었을 때에 도
솔천궁에서 큰 광명을 놓았으니 이
름이 '광당왕'이고, 열 부처님 세계
미진수의 세계를 비추었다.

그 세계 가운데 지옥 중생으로서
이 광명을 만난 자는 온갖 고통이 쉬
고 열 가지 청정한 눈을 얻었으며,
귀와 코와 혀와 몸과 뜻도 또한 다시
이와 같아서 모두 환희하는 마음을

내어 뛰며 기뻐하였다.

그곳에서 목숨을 마치고는 도솔천에 태어났다. 하늘에 북이 있으니 이름이 '매우 사랑스러움'이다. 그 하늘에 태어남에 이 북이 소리를 내어 말하였다.

'모든 천자들이여, 그대들은 마음이 방일하지 않고, 여래의 처소에서 모든 선근을 심었으며, 지난 옛적에 여러 선지식을 친근하였으니, 비로자나의 큰 위신력으로 거기서 목숨을 마치고 이 하늘에 와서 태어났다.'

불자여, 보살의 발아래에 천 살 바퀴는 이름이 '광명이 널리 비추는 왕'이고, 여기에 '따라서 잘생긴 모습'이 있으니 이름이 '원만왕'이다. 항상 마흔 가지 광명을 놓으며 그 가운데 한 광명이 있으니 이름이 '청정한 공덕'이다. 능히 억 나유타 부처님 세계 미진수의 세계를 비추어, 모든 중생들의 갖가지 업의 행과 갖가지 욕락을 따라 모두 성숙하게 한다. 아비지옥에서 극심한 고통을 받는 중생들이 이 광명을 만나면 모두 다 목숨을 마치고 도솔천에 태어났다.

이미 하늘에 태어나서는 하늘 북소리를 들으니, 일러 말하기를 '훌륭하고 훌륭하다. 모든 천자들이여, 비로자나 보살이 때를 여읜 삼매에 들었으니 그대들은 마땅히 공경히 예배하여야 한다.'라고 하였다.

이때에 모든 천자들은 하늘 북이 이와 같이 권하여 가르치는 소리를 듣고 모두 이런 생각을 하였다. '기

이하고 희유하다. 무슨 인연으로 이 미묘한 소리를 내는가?'

그때에 하늘 북이 모든 천자들에게 말하였다.

'내가 내는 소리는 모든 선근의 힘으로 이루어진 것이다. 모든 천자들이여, 마치 내가 '나'라고 말하여도 '나'에 집착하지 않고 '나의 것'에도 집착하지 않는 것과 같이, 일체 모든 부처님께서도 또한 이와 같아서 스

스로 부처라 말씀하셔도 '나'에 집착하지 않고 '나의 것'에도 집착하지 않으신다.

모든 천자들이여, 마치 내 음성이 동방에서 오는 것이 아니고 남방과 서방과 북방과 네 간방과 상방과 하방에서 오는 것도 아니듯이, 업과 과보로 성불하는 것도 또한 다시 이와 같아서 시방에서 오는 것이 아니다.

모든 천자들이여, 비유하면 그대들이 옛적에 지옥에 있을 적에 지옥과 몸이 시방에서 온 것이 아니고 다만 그대들의 뒤바뀐 나쁜 업과 어리석음에 얽매임을 말미암아 지옥과 몸이 생긴 것이니, 이것은 근본이 없고 온 곳도 없다.

모든 천자들이여, 비로자나 보살이 위덕의 힘인 까닭으로 큰 광명을 놓으니, 이 광명이 시방에서 오는 것이 아닌 것과 같다.

모든 천자들이여, 나의 하늘 북 소리도 또한 이와 같아서 시방에서 오는 것이 아니고 다만 삼매의 선근의 힘인 까닭이며, 반야바라밀의 위덕의 힘인 까닭으로, 이와 같이 청정한 음성을 내어 이와 같이 갖가지 자재함을 나타내는 것이다.

모든 천자들이여, 비유하면 수미산왕에 삼십삼천의 가장 미묘한 궁전과 갖가지 즐길거리가 있으나, 이 즐길거리가 시방에서 온 것이 아니듯이, 나의 하늘 북 소리도 또한 다시 이와 같아서 시방에서 오는 것이 아니다.

모든 천자들이여, 비유하면 억 나

유타 부처님 세계 미진수의 세계를
모두 부수어 티끌을 만들었다면, 내
가 그와 같은 티끌 수 중생들을 위하
여 그들이 즐겨하는 바를 따라서 법
을 연설하여 크게 환희하게 하지만,
그러나 나는 저들에게 피로해하거나
싫어함을 내지 않고 겁나서 물러나
지도 않고 교만함도 내지 않고 방일
함도 내지 않는 것과 같다.

모든 천자들이여, 비로자나 보살이
때를 여읜 삼매에 머무름도 또한 이
와 같아서, 오른 손바닥에 한 가지

'따라서 잘생긴 모습'에서 한 광명을 놓아 한량없이 자재한 신통한 힘을 나타내니, 일체 성문과 벽지불도 오히려 능히 알지 못하는데 하물며 모든 중생들이겠는가?

모든 천자들이여, 그대들은 마땅히 저 보살의 처소에 가서 가까이 모시고 공양올리되, 다시 다섯 가지 욕락거리에 탐착하지 말라. 다섯 가지 욕락에 탐착하면 모든 선근을 장애한다.

　모든 천자들이여, 비유하면 겁의 불이 수미산을 태움에 모두 다하여 남음이 없게 하듯이, 탐욕이 마음을 얽매는 것도 또한 이와 같아서 마침내 부처님을 생각할 뜻을 능히 내지 못한다.

　모든 천자들이여, 그대들은 마땅히 은혜를 알고 은혜를 갚아야 한다. 모든 천자들이여, 그 어떤 중생이 은혜 갚을 줄을 알지 못하면 흔히 횡사를 만나서 지옥에 태어난다.

　모든 천자들이여, 그대들은 옛적에

지옥에 있다가 광명이 몸에 비침을 입고 그곳을 버리고 여기에 태어났다. 그대들은 지금 마땅히 빨리 회향하여 선근을 늘려야 한다.

모든 천자들이여, 마치 나의 하늘북이 남자도 아니고 여자도 아니지만, 능히 한량없고 가없는 부사의한 일을 내는 것과 같이, 그대들 천자 천녀들도 또한 이와 같아서, 남자도 아니고 여자도 아니지만, 능히 갖가지 가장 미묘한 궁전과 동산 숲을 받아 쓰게 되었다.

나의 하늘 북이 나지도 않고 없어
지지도 않듯이, 물질과 느낌과 생각
과 행과 의식도 또한 이와 같아서 나
지도 않고 없어지지도 않는다. 그대
들이 만약 능히 이것을 깨달으면, 마
땅히 알라, 곧 '의지함 없는 인' 삼
매에 들어갈 것이다.'"

이때에 모든 천자들이 이 소리를
듣고는 일찍이 있지 않았던 것을 얻
어 곧 일만 꽃 구름과 일만 향 구름

과 일만 음악 구름과 일만 당기 구름과 일만 일산 구름과 일만 찬탄하는 구름을 모두 변화하여 만들었다. 이렇게 변화하여 만들고는 곧 비로자나 보살이 머무르는 궁전에 함께 가서 합장 공경하고 한 쪽에 서서 문안 여쭈려 하였으나 뵐 수가 없었다.

그때에 어떤 천자가 이와 같이 말하였다. "비로자나 보살은 이미 여기에서 떠나 인간계의 정반왕 집에 태어나는데, 전단 누각에 올라 마야부인의 태에 계신다."

이때에 모든 천자들이 하늘눈으로 관하여 보니, 보살의 몸이 인간계의 정반왕 집에 계시는데 범천과 욕계 천신들이 받들어 섬기며 공양올리고 있었다. 모든 천자 대중들은 다 생각하기를 "우리들이 만약 보살의 처소에 가서 안부 드리지 않고 내지 한 생각이라도 이 천궁에 애착을 낸다면 곧 옳지 못하리라."고 하였다.

이때에 낱낱 천자가 열 나유타 권속과 함께 염부제로 내려가려고 하였다.

그때에 하늘 북에서 소리를 내어 말하였다. "모든 천자들이여, 보살마하살이 여기서 목숨을 마치고 저 인간계에 태어난 것이 아니라, 다만 신통으로써 모든 중생들 마음의 마땅한 바를 따라서 그들로 하여금 보게 한 것이다.

모든 천자들이여, 내가 지금 눈으로 보는 것은 아니지만 능히 소리를 내듯이, 보살마하살이 때를 여읜 삼매에 든 것도 또한 다시 이와 같아서 눈으로 보는 것은 아니지만, 능히 곳곳에 태어나서 분별을 여의고 교만을 없애며 물들어 집착하지 않음을 나타내 보인다.

모든 천자들이여, 그대들은 마땅히 아뇩다라삼먁삼보리 마음을 내고 그 뜻을 깨끗하게 다스려 훌륭한 위의에 머물러서 일체 업의 장애와 번뇌의 장애와 과보의 장애와 소견의 장애를 뉘우쳐 없애되, 온 법계 중생들의 수와 같은 몸으로써, 온 법계 중생들의 수와 같은 머리로써, 온 법계 중생들의 수와 같은 혀로써, 온 법계 중생들의 수와 같은 착한 몸의 업과 착한 말의 업과 착한 뜻의 업으로써, 있는 바 모든 장애되는 허물을 뉘우쳐 없애야 한다."

그때에 모든 천자들이 이 말을 듣고는 일찍이 있지 아니함을 얻어서 마음이 크게 환희하여 물었다.

"보살마하살이 어떻게 일체 허물을 뉘우쳐 없앱니까?"

그때에 하늘 북이 보살 삼매의 선

근의 힘인 까닭으로 소리를 내어 말하였다.

"모든 천자들이여, 보살은 모든 업이 동방으로부터 오는 것이 아니고, 남방과 서방과 북방과 네 간방과 상방 하방으로부터 오는 것도 아니지만, 함께 쌓이고 모여 마음에 머무르는 것이라, 다만 뒤바뀜으로부터 생겨서 머무르는 곳이 없는 줄을 안다. 보살이 이와 같이 결정하여 밝게 보아서 의혹이 없다.

모든 천자들이여, 마치 나의 하늘

북이 업을 말하고 과보를 말하고 행을 말하고 계를 말하고 기쁨을 말하고 편안함을 말하고 모든 삼매를 말하는 것처럼, 모든 부처님과 보살들도 또한 그와 같아서 '나'를 말하고 '나의 것'을 말하고 중생을 말하고 탐욕과 성냄과 어리석음의 갖가지 모든 업을 말하지만, 실제로는 '나'도 없고 '나의 것'도 없어서 모든 지은 바 업과 여섯 갈래의 과보를 시방으로 찾아도 모두 얻을 수 없다.

모든 천자들이여, 비유하면 나의

소리는 나지도 않고 없어지지도 않으나, 악을 지은 모든 하늘은 다른 소리는 듣지 못하고, 오직 지옥으로 깨우치는 소리만 듣는 것과 같이, 일체 모든 업도 또한 이와 같아서 나는 것도 아니고 없어지는 것도 아니지만 닦아 모음이 있는 것을 따라서 그 과보를 받는다.

모든 천자들이여, 나의 하늘 북에서 나는 음성은 한량없는 겁에도 다하지 아니하여 끊어짐이 없으며, 옴도 감도 다 얻을 수 없다.

모든 천자들이여, 만약 가고 옴이 있으면 곧 끊어짐과 항상함이 있겠으나 일체 모든 부처님께서는 마침내 끊어짐과 항상함이 있는 법을 연설하지 않으셨다. 방편으로 중생을 성숙시키시는 것은 제외한다.

　　모든 천자들이여, 비유하면 내 소리가 한량없는 세계에서 중생들의 마음을 따라 모두 듣게 하듯이, 일체 모든 부처님께서도 또한 이와 같아서 중생들의 마음을 따라 모두 보게 하신다.

모든 천자들이여, 마치 파려 거울
이 있으니 이름이 '능히 비춤'이라,
청정하게 사무쳐 비추는 것이 열 세
계와 더불어 그 분량이 꼭 같으니,
한량없고 가없는 모든 국토 가운데
일체 산천과 일체 중생과 내지 지옥
과 축생과 아귀들의 있는 바 영상
이 모두 그 가운데 나타나는 것과 같
다.

모든 천자들이여, 그대들은 어떻게
생각하는가? 저 모든 영상들이 거울
속에 들어와서 거울에서 나간다고

말할 수 있겠는가?"

대답하여 말하기를 "아닙니다."라고 하였다.

"모든 천자들이여, 일체 모든 업도 또한 그와 같아서, 비록 모든 업과 과보를 능히 내지만, 오고 가는 것이 없다.

모든 천자들이여, 비유하면 마술사가 마술로 사람들의 눈을 미혹하게 하듯이, 마땅히 알라, 모든 업도 또한 다시 이와 같다. 만약 이와 같이 알면 이것이 진실한 참회이니, 일체 죄악이 모두 청정하게 될 것이다."

이 법을 설할 때에 백천억 나유타 부처님 세계 미진수의 세계 가운데 도솔타의 모든 천자들은 생멸 없는 법의 지혜를 얻으며, 한량없고 부사의한 아승지의 육욕천 모든 천자들은 아뇩다라삼먁삼보리의 마음을 내었고, 육욕천 가운데 일체 천녀는 모두 여자의 몸을 버리고 위없는 보리의 뜻을 내었다.

그때에 모든 천자들은 보현의 광대한 회향 설함을 듣고 십지를 얻은 까닭과 모든 힘으로 장엄한 삼매를 얻은 까닭과 중생 수와 같은 청정한 삼업으로써 일체 모든 무거운 장애를 참회하여 없앤 까닭으로 곧 백천억 나유타 부처님 세계 미진수의 칠보 연꽃을 보았는데, 낱낱 꽃 위에 모두 보살이 있어 결가부좌하고 큰 광명을 놓으며, 저 모든 보살들의 낱낱 '따라서 잘생긴 모습'마다 중생 수와 같은 광명을 놓으며, 그 광명 가

운데 중생 수와 같은 모든 부처님께
서 결가부좌하고 계시어 중생의 마
음을 따라 법을 설하시지만 오히려
때를 여읜 삼매의 적은 부분의 힘도
아직 나타내지 못하였다.

그때에 저 모든 천자들이 온갖 꽃
을 올리며, 또 몸의 낱낱 모공에서
중생 수와 같은 온갖 미묘한 꽃 구름
을 변화하여 만들어 비로자나여래께
공양올리되 받들어 부처님께 흩뿌리
니 일체가 다 부처님 몸 위에 머물렀
다.

그 모든 향기 구름이 한량없는 부처님 세계 미진수의 세계에 널리 비내리니, 만약 어떤 중생이 몸에 향기가 닿으면 그 몸이 안락한 것이, 비유하면 비구가 제4선에 듦에 일체 업장이 모두 소멸되는 것과 같다.

만약 어떤 중생이 향기를 맡으면 그 모든 중생들이 색과 소리와 향기와 맛과 감촉에 대하여 그 안에 오백 번뇌가 갖추어져 있고 그 밖에도 또한 오백 번뇌가 있어서 탐욕의 행이 많은 자가 이만 일천이고, 성냄의 행이 많은 자도 이만 일천이고, 어리석음의 행이 많은 자도 이만 일천이고, 같은 분량으로 행하는 자도 이만 일천이다. 이와 같은 것이 모두 허망함을 밝게 알고, 이와 같이 알고는 향기 당기 구름 자재한 광명의 청정한 선근을 성취한다.

만약 어떤 중생이 그 일산을 보면 한 청정한 금망전륜왕의 한 항하사의 선근을 심게 된다.

"불자여, 보살이 이 전륜왕의 지위에 머물러서는 백천억 나유타 부처님 세계 미진수의 세계 가운데 중생들을 교화한다.

불자여, 비유하면 명경세계의 월지여래께 항상 한량없는 모든 세계 가운데 비구와 비구니와 우바새와 우바이들이 있어, 그 몸을 화현하여 와서 법을 들음에, 본생의 일을 널리 연설하되 일찍이 잠깐도 끊어진 적이 없으니, 만약 어떤 중생이 그 부처님의 명호를 들으면 반드시 그 부

처님의 국토에 왕생하게 되는 것과
같다.

보살이 청정한 금망전륜왕 지위에
편안히 머무름도 또한 다시 이와 같
아서 만약 어떤 이가 잠깐이라도 그
광명을 만나면 반드시 보살 제십지
의 지위를 얻게 되니, 먼저 수행한 선
근의 힘인 까닭이다.

불자여, 마치 초선을 얻음에 비록
목숨이 끝나지 않았더라도 범천의
처소에 있는 궁전을 보고 범천 세상

의 안락함을 받게 되는 것처럼, 모든 선정을 얻은 자들도 다 또한 이와 같다.

보살마하살이 청정한 금망전륜왕의 지위에 머물러서 마니 상투의 청정한 광명을 놓는데, 만약 어떤 중생이 이 광명을 만나면 모두 보살 제십지의 지위를 얻어 한량없는 지혜 광명을 성취하고, 열 가지 청정한 눈과 내지 열 가지 청정한 뜻을 얻으며, 한량없는 매우 깊은 삼매를 구족하여 이와 같은 청정한 육안을 성취한다.

  불자여, 가령 어떤 사람이 억 나유
타 부처님 세계를 부수어 미진을 만
들고 한 티끌을 한 세계로 하며, 다
시 그러한 미진수의 부처님 세계를
부수어 미진을 만들어서, 이와 같은
미진들을 모두 왼손에 들고 지니어
동방으로 가면서, 그러한 미진수 만
큼의 세계를 지나가서 이에 한 티끌
을 떨어뜨리되, 이와 같이 하면서 동
방으로 가기를 이 미진이 다하도록

하고, 남방과 서방과 북방과 네 간
방과 상방과 하방으로도 또한 다시
그렇게 하며, 이와 같이 시방에 있
는 세계들의 혹 티끌이 붙은 곳과 붙
지 않은 곳을 모두 모아서 한 부처님
국토를 만든다 하면, 보수여, 그대의
뜻에는 어떠한가? 이와 같은 부처님
국토가 광대하고 한량없는 것을 사
의할 수 있겠는가?"

대답하였다. "헤아릴 수 없습니다.
이와 같은 부처님 국토의 광대하고
한량없음이 희유하고 기특하여 불가

사의하니, 만약 어떤 중생이 이 비유를 듣고 능히 신심과 지해를 내면 마땅히 더욱 희유하고 기특한 줄 알아야 할 것입니다."

부처님께서 말씀하셨다.

"보수여, 그러하다. 그러하다. 그대가 말한 바와 같으니, 만약 선남자나 선여인이 이 비유를 듣고 신심을 내는 자가 있으면 내가 그에게 수기를 주되 '결정코 마땅히 아뇩다라삼먁삼보리를 이루어 마땅히 여래의 위없는 지혜를 얻을 것이다.'라고 하리라.

보수여, 가령 다시 어떤 사람이 천억 부처님 세계 미진수의, 위에서 말한 바와 같은 광대한 부처님 국토를 부수어 미진을 만들고, 이 미진으로써 앞에 비유한 대로 낱낱이 떨어뜨려 다하고, 내지 모아서 한 부처님 국토를 만들며, 다시 부수어 티끌을 만들고, 이와 같이 차례로 되풀이하여 내지 여든 번을 반복하였다 하더라도, 이와 같이 일체 광대한 부처님 국토에 있는 미진들을 보살의 업보인 청정한 육안으로 한 생각 동안에 모두 능히 분명하게 보며, 또한 백억의 광대한 부처님 세계 미진수의 부처님을 친견하되, 파려거울의 청정한 광명이 열 부처님 세계 미진수의 세계를 비추는 것과 같다.

보수여, 이와 같은 것이 모두 청정한 금망전륜왕의 매우 깊은 삼매와 복덕과 선근으로 성취된 것이다."

회
향
송

아차보현수승행
무변승복개회향
보원침익제중생
속왕무량광불찰

시방삼세일체불
제존보살마하살
마하반야바라밀

我此普賢殊勝行
無邊勝福皆迴向
普願沈溺諸眾生
速往無量光佛剎

十方三世一切佛
諸尊菩薩摩訶薩
摩訶般若波羅蜜

大方廣佛華嚴經

부록

•

대방광불화엄경 목차

•

간행사

대방광불화엄경
목차

간 행 사

　귀의삼보 하옵고,

『대방광불화엄경』의 수지 독송과 유통을 발원하면서 수미정사 불전연구원에서『독송본 한문·한글역 대방광불화엄경』과『사경본 한글역 대방광불화엄경』을 편찬하여 간행하게 되었습니다.

『화엄경』은 우리나라에 전래된 이래 일찍부터 사경되고 주석·강설되어 왔으며 근현대에 이르러서는『화엄경』의 한글 번역과 연구도 부쩍 많이 이루어졌습니다. 그만큼『화엄경』이 우리 불자님들의 신행과 해탈에 큰 의지처가 되었던 것임을 알 수 있습니다.

『화엄경』을 독송하고 사경하는 공덕은 설법 공덕과 함께 크게 강조되어 왔습니다. 그리하여 수미정사 불전연구원에서도『화엄경』(80권)을 독송하고 사경하는 데 도움이 되도록 한문 원문과 한글역을 함께 수록한 독송본과 한글역의 사경본『화엄경』간행불사를 발원하였습니다. 이『화엄경』간행불사에 뜻을 같이하여 적극 후원해주신 스님들과 재가 불자님들께 깊이 감사드립니다. 또한『화엄경』을 수지 독송할 수 있도록 경책의 모습으로 장엄해 주신 편집위원들과 담앤북스 출판사 관계자들께도 고마움을 표합니다.

　끝으로 이 불사의 원만 회향으로『화엄경』이 널리 유통되고, 온 법계에 부처님의 가피가 충만하시길 기원드립니다.

　나무 대방광불화엄경

불기 2564년 '부처님오신날'을 봉축하며
수미해주 합장

위태천신(동진보살)

수미해주 須彌海住

호거산 운문사에서 성관 스님을 은사로 출가, 석암 대화상을 계사로 사미니계 수계, 월하 전계사를 계사로 비구니계 수계, 계룡산 동학사 전문강원 졸업, 동국대학교 불교대학 및 동 대학원 졸업, 철학박사, 가산지관 대종사에게서 전강, 동국대학교 불교대학 교수, 동학승가대학 학장 및 화엄학림 학림장, 중앙승가대학교 법인이사 역임.
(현) 수미정사 주지, 동국대학교 명예교수.
저·역서로 『의상화엄사상사연구』, 『화엄의 세계』, 『정선 원효』, 『정선 화엄1』, 『정선 지눌』, 『법계도기총수록』, 『해주스님의 법성게 강설』 등 다수.

사경본 한글역
대방광불화엄경 제48권

| 초판 1쇄 발행_ 2024년 9월 24일

| 엮은이_ 수미해주
| 엮은곳_ 수미정사 불전연구원
| 편집위원_ 해주 수정 경진 선초 정천 석도 박보람 최원섭
| 편집보_ 무이 무진 지욱 혜명

| 펴낸이_ 오세룡
| 펴낸곳_ 담앤북스
　　　　서울특별시 종로구 새문안로3길 23 경희궁의 아침 4단지 805호
　　　　대표전화 02)765-1251 전자우편 dhamenbooks@naver.com
　　　　출판등록 제300-2011-115호
| ISBN_ 979-11-6201-488-2 04220

정가 10,000원
ⓒ 수미해주 2024